LE
LOUVRE INTIME

PAR

CHARLES GALBRUN

*(Extrait de l'*Artiste*, Mai et Juillet 1894)*

PARIS, 1894

LE

LOUVRE INTIME

PAR

CHARLES GALBRUN

(Extrait de l'ARTISTE, Mai et Juillet 1894)

PARIS, 1894

LE LOUVRE INTIME

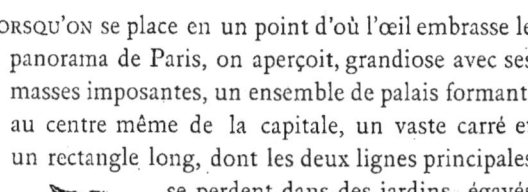orsqu'on se place en un point d'où l'œil embrasse le panorama de Paris, on aperçoit, grandiose avec ses masses imposantes, un ensemble de palais formant, au centre même de la capitale, un vaste carré et un rectangle long, dont les deux lignes principales se perdent dans des jardins, égayés de parterres fleuris, de pelouses bordées d'arbustes, d'où émergent, comme des voiles sur l'Océan, les taches blanches de statues. C'est le Louvre, paré des Tuileries : c'est l'héritage de notre vieille monarchie de France, transformé, agrandi, embelli par ses représentants.

De la forteresse que fit élever Philippe-Auguste, il ne reste plus aujourd'hui que la trace rendue visible, dans la cour du Louvre, par ce double cercle de pierres blanches, qui se détachent sur le pavé gris, et qui indiquent l'emplacement de la tour et de son enceinte. Plus d'un siècle et demi après, Charles V la transforma, en corrigea le caractère trop sévère, l'orna de précieuses sculptures, l'entoura de jardins. C'est François Ier, en 1527, qui fit abattre la grosse tour et qui sacrifia plus tard le château tout entier, avec la pensée d'en édifier un autre. Mais la mort devait le surprendre trop tôt, et ce fut Henri II qui recueillit pieusement les désirs de son père et chargea Pierre Lescot de la direction des travaux. Celui-ci s'associa Jean Goujon, et, de l'union de leurs talents, sortit le vieux Louvre, dont le noyau est cette partie occupée, de nos jours, au rez-de-chaussée, par la salle des Cariatides et aux étages supérieurs par le salle La Caze et la salle Henri II.

Charles IX et Catherine de Médicis ne demeurèrent pas indifférents à ces grands travaux qui, chaque jour, s'étendirent avec activité, non plus qu'Henri IV qui fit construire les bâtiments actuellement en retour sur les parterres de la Seine et qui se prolongent jusqu'au bout de la grande galerie des peintures.

Louis XIII et Anne d'Autriche s'y intéressèrent aussi, et Louis XIV fit élever toute la partie méridionale, parallèle à la Seine, et celle qui fait face à l'église Saint-Germain-l'Auxerrois. Ce ne fut pas sans hésitations qu'on adopta les plans de Claude Perrault, après avoir rejeté ceux de Le Vau et fait venir inutilement le Bernin d'Italie. Mais Versailles attirait bien autrement Louis XIV; il délaissa le Louvre à son profit, et ce n'est qu'en 1754 que Louis XV, sur les instances de Mme de Pompadour, fit reprendre les travaux.

Toutefois, au commencement de ce siècle, une grande partie des constructions était à découvert; on les poussa très activement sous le premier Empire, sous la Restauration, sous Louis-Philippe, sous le second Empire, et les appartements furent peu à peu appropriés et décorés par les plus célèbres artistes. Ils nous ont laissé le Louvre tel qu'il est aujourd'hui, avec son aspect sévère et imposant, malgré la diversité des styles qu'on y retrouve et la variété des éléments qui le composent.

Comme l'ancienne forteresse de Philippe-Auguste caractérisait bien le Moyen-Age, avec ses mœurs farouches, sa politique expéditive, sa justice arbitraire ! Enguerrand de Marigny, Louis, comte de Flandre, Simon de Montfort, Charles-le-Mauvais en dépassent le lourd pont-levis qu'on n'abaissera plus devant eux ; au xive siècle, Étienne Marcel y entre victorieux ; Charles V y ramène la paix, la tranquillité des longues méditations ; Jean-Sans-Peur, la guerre, avec la lutte des Armagnacs et des Bourguignons, aux sanglants épisodes. De Charles VII à François Ier, le Louvre est abandonné : le palais des Tournelles est devenu résidence royale.

François Ier s'y installe de nouveau, s'y repose des fatigues de la guerre, y invite à de somptueuses fêtes son plus cruel ennemi, Charles-Quint.

Le Louvre, sous Henri II, devient un foyer de perfidies, d'intrigues, que les massacres de la Saint-Barthélemy ne purent éteindre, jusqu'à l'arrivée du Béarnais. Après sa mort, Louis XIII se débarrasse de son favori Concini, en le faisant assassiner, puis, ce sont les troubles de la Fronde, l'avènement au trône de Louis XIV, avec sa cour brillante, jusqu'à ce que Versailles devînt sa résidence favorite; la précaire période de la Régence, le gouvernement chancelant de Louis XV jusqu'à la fuite de Louis XVI devant la révolution déchaînée.

On entrait dans une ère nouvelle; le palais royal du Louvre fut désaffecté et un décret de l'Assemblée Législative du 16 septembre 1792 le transforma en musée, où le gouvernement fit transporter bronzes, tableaux, statues, collections de tous genres qui devaient en être le fonds principal [1]. C'est derrière ces murs profonds, derrière ces vitres régulières, à l'aspect si solennel, que nous pouvons les admirer aujourd'hui, prodigieusement enrichies, à la fois par le fait d'acquisitions judicieuses ou de dons volontaires.

Dans cette vénérable demeure, d'où la vie semble absente, toute une ruche, cependant, s'agite. Ces travailleurs, voyons-les tous à l'œuvre. Beaucoup de personnes s'imaginent que le Louvre est confié à la garde d'un seul fonctionnaire, d'un seul conservateur qui devient le dépositaire de tous les objets qui y entrent, qui les examine, décide de l'acquisition de ceux qui lui sont soumis et qui, comme un amateur, s'empresse d'enfermer dans une vitrine, de placer sur un socle ou d'accrocher au mur telle coupe ciselée, tel marbre ou tel tableau qu'on lui offre : qu'elles se détrompent. Le directeur des Musées nationaux est assisté d'un grand nombre de collaborateurs, répartis par départements d'art et assistés eux-mêmes de conservateurs-adjoints et d'attachés. Cette règle, toutefois, n'est pas absolument générale et le nombre des fonctionnaires et attachés à chaque département est variable suivant l'importance de ce département. En voici, d'ailleurs, la nomenclature : le département des Peintures, des Dessins et de la Chalcographie, le plus chargé de tous, est confié à un conservateur, assisté de deux con-

---

[1] V. *Collection des monuments de Paris* : *Le Louvre*, par M. A. Kaempfen.

servateurs-adjoints et d'un attaché ; le département de la Sculpture du Moyen-Age, de la Renaissance et des temps modernes, confié à un conservateur assisté d'un conservateur-adjoint ; le département des objets d'art du Moyen-Age, de la Renaissance et des temps modernes, confié à un Conservateur assisté d'un attaché ; le département des Antiquités grecques et romaines confié à un conservateur, assisté d'un conservateur-adjoint et d'un attaché ; le département des Antiquités orientales et de la céramique antique, confié à un conservateur assisté de deux conservateurs-adjoints ; le département des antiquités égyptiennes, confié à un conservateur assisté d'un conservateur-adjoint et d'un attaché ; le département de la Marine, confié à un seul conservateur, dont l'amiral Paris, récemment décédé, a été pendant si longtemps le titulaire ; le musée du Luxembourg, confié à un conservateur et à un attaché ; le musée de Versailles, à un conservateur et à un attaché ; le musée de Saint-Germain, à un conservateur et un conservateur-adjoint.

Sous la présidence du directeur des Musées nationaux, les conservateurs et conservateurs-adjoints composent un comité qui se réunit tous les quinze jours, le jeudi généralement, et délibère sur les questions d'acquisition des objets d'art proposés et sur l'acceptation des dons ou legs faits aux musées. Ce comité, qui prend le nom de « comité consultatif des Musées nationaux », se prononce aussi sur d'autres questions analogues, mais ses conclusions ne sont définitives que lorsque le ministre des Beaux-Arts les a ratifiées. Les travaux de cette assemblée ont une importance très grande. Nous nous proposons d'y revenir plus loin et d'une façon plus étendue.

En dehors du personnel de la conservation, le directeur est assisté d'un secrétaire, agent comptable, dont le bureau comprend un secrétaire-agent-comptable-adjoint, un commis d'ordre, chargé du classement des archives, et deux attachés au secrétariat. C'est au secrétariat que passent toutes les affaires des musées ; c'est là qu'elles sont enregistrées et que la correspondance relative à chacune d'elles s'élabore.

La bibliothèque du Louvre, tout spécialement formée de collections de livres sur l'art, est confiée à un bibliothécaire. Cette bibliothèque n'est point publique ; mais le bibliothécaire accueille avec complaisance tous les travailleurs, et l'on n'a jamais entendu dire qu'un ouvrage placé sur ses rayons ait été refusé et que sa communication n'en ait été donnée sur-le-champ avec la plus entière bonne grâce. La bibliothèque compte un nombre considérable de volumes ; elle serait trop petite pour recevoir tous les livres qui sont inscrits sur ses inventaires, si un très grand nombre d'entr'eux n'étaient répartis dans les cabinets des conservateurs, conservateurs-adjoints et attachés, qui désirent garder à portée de leur main les ouvrages qui traitent plus particulièrement de la spécialité qu'ils ont choisie.

Le directeur des Musées nationaux est aussi directeur de l'École du Louvre : disons rapidement que cette école, qui ne relève pas de l'Université, mais seulement de la direction des Beaux-Arts, compte huit chaires occupées par des professeurs qui sont tous conservateurs au musée du Louvre. On y étudie l'histoire des arts dans toutes leurs manifestations et leurs caractères. Les cours professés sont les suivants : cours d'archéologie nationale, cours de céramique antique, cours d'archéologie égyptienne, cours d'épigraphie orientale, cours d'épigraphie et de droit égyptien, cours d'histoire de la sculpture, cours d'histoire de la peinture, cours d'histoire des arts industriels.

Énuméré comme nous l'avons fait, le personnel administratif n'est pas encore complet ; il y manque deux inspecteurs, chargés de la surveillance du personnel des gardiens, et deux employés commis à la vente des produits des ateliers du Louvre.

Résumons-nous : le directeur, les conservateurs, le secrétariat, la bibliothèque, les inspecteurs surveillants et les employés du service des ateliers. Ce n'est donc pas à un seul directeur ou conservateur qu'incombent la garde et l'enrichissement des collections nationales, mais à un directeur assisté de 34 fonctionnaires ou employés.

Toute l'administration des Musées nationaux a ses bureaux, sauf quelques exceptions, dans la partie du Louvre construite sous Louis XIV, parallèle à la Seine. Un immense couloir, qui occupe toute la longueur du bâtiment, donne accès, à droite et à gauche, à tous les cabinets. Ceux de droite regardent le Midi, ceux de gauche le Nord et ont leurs fenêtres sur la cour du Louvre. L'entrée des bureaux de l'administration est loin d'être majestueuse. Un homme, placé au centre de la cour a peine à la découvrir sans le secours des portiers qui sont installés aux quatre grands guichets. Une double porte vitrée, munie d'un timbre, aussitôt conduit à un escalier en colimaçon qui compte cent dix-huit marches, sans palier, sans possibilité de halte ; pour toute compensation, on aperçoit, par de petites fenêtres, percées dans cette cage, les passants, qui, au fur et à mesure de l'ascension, diminuent de volume et deviennent des silhouettes dès qu'on arrive au faîte. Est-on bien arrivé? Oui. La spirale de l'escalier s'interrompt, la rampe devient horizontale, mais aussitôt on se trouve dérouté : en face, une salle obscure s'ouvre ; à droite, un couloir, bien éclairé. Généralement, on se dirige vers la lumière. On ne tarde pas à s'apercevoir qu'on a fait fausse route, car on touche au balcon de la salle La Caze. On revient sur ses pas et l'on prend alors le second chemin qui, cette fois, sert d'amorce au grand couloir dont nous avons parlé. Ce couloir, c'est le boulevard de l'administration ; c'est là qu'on échange à la hâte, poignées de main, compliments banals ; c'est là que quelquefois, deux fonctionnaires de la maison, le dos au mur, se rangent pour en laisser passer avec peine un troisième, car le couloir est étroit et ne reçoit de lumière que par les vitres des cabinets donnant sur la Seine, c'est là, enfin, qu'on s'arrête pour la communication rapide d'un renseignement ou d'une nouvelle. Les courants d'air, d'ailleurs, se chargent de faire rapidement la place nette et de dissiper ces colloques improvisés. Pénétrons dans ce couloir. Tout d'abord, nous y trouvons les bureaux du secrétariat, où s'inscrivent les artistes qui font des copies dans le musée, où se règle la comptabilité, où se prépare et s'expédie la correspondance. C'est à ce service aussi que le public s'adresse pour des renseignements de toute nature. D'instinct, on s'y arrête ; c'est la première porte qu'on trouve ouverte devant soi. Neuf fois sur dix on y frappe.

Plus loin est le magasin. C'est une vaste pièce admirablement entretenue. Pour toute décoration, un vaste comptoir au milieu de la salle, une bascule, et, tout autour, de grandes armoires à tiroirs ou à séparations verticales, qui renferment la clouterie, la quincaillerie, la brosserie, les cordages, la cire, le linge, l'huile d'éclairage, la bougie, la pharmacie, les produits chimiques, pour l'entretien général, les catalogues des collections, pour la vente quotidienne. Les catalogues du musée sont très nombreux et donnent toutes les indications désirables sur les séries d'objets exposés. Il y en a de deux sortes : les catalogues scientifiques et les catalogues sommaires. Cette double désignation suffit pour distinguer la nature de ces ouvrages, qui répondent ainsi à tous les besoins. La collection des catalogues sommaires est encore incomplète. On travaille à son achèvement. Toutes les catégories d'objets conservés dans le magasin sont étiquetées et merveilleusement installées. Un brigadier en a la garde. Il doit apprécier s'il y a lieu de délivrer telle ou telle fourniture aux ateliers, et d'aucuns disent qu'il n'a pas la main prodigue. Il ne manquerait, dans le magasin, qu'un pot de réséda, un crucifix en ivoire et deux images de sainteté pour qu'on se crût dans une infirmerie de couvent.

Plus loin, à droite et à gauche, des cabinets de conservateurs, puis, la bibliothèque, flanquée de deux cabinets aux rayons pleins de livres dont il est difficile de préciser le nombre. Ainsi que nous l'avons dit, la bibliothèque n'étant pas publique, les conservateurs, selon leurs travaux, y ont enlevé les ouvrages qui les intéressaient le plus directement ; aussi n'y reste-t-il que ceux d'un intérêt général, tels que dictionnaires, catalogues, collections de photographies, revues, etc. Au-delà, le cabinet du conservateur des antiquités égyptiennes, le dépôt des archives du musée ; au-delà, encore, l'atelier de réparation et de montage des objets d'art, qui n'a pas de physionomie bien spéciale. Des odeurs d'essences, d'éther, de vernis, flottent aux alentours. Rien autre, extérieurement, n'en révèle l'existence. Ceux qui traversent pour la première fois ce couloir croient, lorsqu'ils sont arrivés là, qu'ils en ont atteint le bout. Point. Ils ne sont qu'à mi-chemin. Un escalier s'enfonce à droite, à côté d'une petite porte qui donne entrée à la salle des Rouleaux. Cette salle est un des mystérieux *greniers* du Louvre, un de ces magasins où le musée, comme un avare, entasse ses chefs-d'œuvre pour en jouir en égoïste. La question est trop importante pour qu'on la passe sous silence. Nous y reviendrons, et tâcherons de réduire à néant cette légende absurde qui a cours dans le public et qui consiste à supposer que les conservateurs détiennent pour eux seuls les trésors de nos collections nationales. Nous donnerons, non pas un inventaire, mais une indication de ces « trésors » en suppliant les incrédules de venir eux-mêmes, vérifier notre dire.

Après avoir dépassé cet escalier, en laissant à gauche une entrée qui conduit à la salle des Antiquaires et qui sert aussi de salle de séance au comité consultatif des Musées nationaux, nous arrivons à la deuxième fraction du couloir, qui ne renferme que des cabinets réservés aux fonctionnaires de la conservation et un cabinet des dessins, que, faute de place, on n'a pu exposer dans les galeries. A son extrémité, et, un peu à gauche, un passage conduit à une série d'immenses ateliers, occupés par les restaurateurs et rentoileurs du musée quand il y a nécessité de réclamer leur concours ; à droite, on trouve un autre magasin, le pendant de la salle des Rouleaux, autre « grenier » du Louvre. De crainte de l'oublier, mentionnons sans tarder un autre magasin presque vide, qui occupe le pavillon de l'Horloge, voisin des cabinets de travail des conservateurs des départements du Moyen-Age, de la Renaissance et des temps modernes.

Tous ceux qui ont eu affaire au musée connaissent ce couloir ; les noms des conservateurs, écrits sur les portes, facilitent les recherches, au cas où l'on ne serait point guidé. Le cabinet du directeur est situé à côté du grand guichet de la rue de Rivoli.

Nous avons parlé du personnel administratif ; entrenons-nous maintenant du personnel des gardiens à qui incombent, en dehors de la surveillance des salles du musée, tous les travaux d'entretien et de nettoyage. L'ensemble de ce personnel comprend cent cinquante-six hommes, répartis comme suit : deux chefs, cinq sous-chefs, dix-sept brigadiers et cent trente-deux gardiens. Ce nombre, qui paraît considérable, est à peine suffisant pour assurer une surveillance très étroite, car il faut tenir compte des absences causées par la maladie (un médecin, attaché au musée, en constate la gravité) et des congés auxquels ont droit, tous les dix jours, les hommes de service la nuit précédente. De cet effectif, il faut aussi distraire quelques hommes attachés en permanence aux musées du Luxembourg, de Saint-Germain et de Versailles. Supposons donc quarante hommes environ dans ce cas, y compris ceux qui pourraient être appelés à des besognes urgentes, telles que transport de tableaux, de statues, etc., et nous réduirons ainsi le chiffre des gardiens de service dans les salles à cent seize.

Ces gardiens doivent être, en été, présents à un appel qui se fait à 7 heures du matin dans la salle des Bijoux, à 8 heures en hiver. Ils ne quittent le musée qu'après l'heure de la fermeture, c'est-à-dire à cinq heures en été et quatre heures en hiver. Suivant les saisons, une heure et demie ou deux heures leur sont accordées pour leur déjeuner.

Le lundi est le jour de la grande toilette du musée. C'est aussi le jour le plus pénible pour les gardiens. Après avoir répondu à l'appel et revêtu le costume de travail, composé d'une blouse serrée à la taille par une large ceinture, et d'un pantalon de toile, chaque homme reçoit une brosse à pied, un plumeau, un torchon. Un gardien par brigade se rend au magasin pour y prendre les bâtons à frotter et la cire, et la rejoint avec sa provision. Alors commence pour les gardiens le frottage à la cire, puis à la brosse, tandis que les brigadiers, armés de longs plumeaux, époussettent tous les tableaux, mêmes les plus élevés. On ne saurait croire combien cette opération est difficile et exige d'habileté. Manier un plumeau, emmanché à une perche de cinq ou six mètres, de telle sorte qu'il rencontre tous les tableaux, toutes les bordures et les interstices laissés entre eux est une besogne très minutieuse. Vers trois heures, quand le travail est terminé, les parquets reluisent comme des disques, les vitrines sont éclatantes, les cuivres des fenêtres, les aciers des portes étincellent, les escaliers sont immaculés. Il va sans dire que le lundi, le musée est impitoyablement fermé. Les visiteurs du mardi bénéficient les premiers de cet air de fête : avis. Tous les jours, après l'appel, c'est-à-dire, de 7 à 9 heures, ou de 8 à 10, les gardiens recommencent ces travaux d'entretien, mais beaucoup plus sommairement, les parquets sont seulement frottés et non enduits de cire, comme le lundi.

La plus grosse responsabilité des gardiens, c'est le service de nuit, dont le fonctionnement, d'ailleurs, est admirable. Le plus grand souci de l'État a toujours été de préserver ses collections de l'incendie et il a pris, pour remédier au mal, des précautions qui le mettraient à l'abri de tout reproche si une pareille catastrophe devait survenir.

Un des directeurs du musée, qui avait le plus contribué à l'organisation de ce service, disait avec raison qu'en cas d'incendie, le Louvre risquerait beaucoup plus d'être inondé que brûlé. A cet effet, les gardiens, chaque mardi sont exercés au maniement d'une pompe à incendie. La *répétition* a lieu sur les toits du Louvre, qui sont presque horizontaux. Cent quatre-vingts prises d'eau sont installées dans toutes les parties du bâtiment. A chacune d'elles s'adapte un système de tuyaux et de lances qu'on pourrait déployer en attendant l'arrivée des pompiers. Mais un sinistre n'est même pas à craindre, grâce à l'organisation du service de nuit et aux alertes vingt fois répétées auxquelles les gardiens de faction ou de ronde sont obligés de répondre.

Chaque jour, après la fermeture du musée, une brigade de onze hommes, commandée par un brigadier, se réunit dans la salle des Bijoux. Le brigadier disperse ses hommes un par un dans la galerie d'Apollon, au musée grec, à la Colonnade, salle Thiers, au pavillon Denon, dans la petite salle italienne, à la marine, sur le palier Henri II, à la porte de l'escalier de la direction et rentre dans la salle des Bijoux avec les deux derniers.

Dès cinq heures une première ronde se met en route; elle n'est composée que de deux hommes. Ceux-ci parcourent tout le musée, traversent toutes les salles, tous les escaliers, tous les bureaux, les ateliers, en pointant des compteurs ou en signant des ardoises pour laisser trace de leur passage. A peine de retour, la deuxième ronde, formée d'hommes nouveaux qu'on a relevés de leurs postes, reprend le même itinéraire; la troisième se met en route aussitôt après, et ainsi de suite, de façon à accomplir six rondes dans la nuit.

Après leur ronde, les hommes se reposent ou se couchent sur des lits-de-camp installés dans la salle des Bijoux, en hiver, un feu de cheminée est toujours entretenu. Toutefois, dans le fonctionnement de ce service, quatre hommes ne doivent point dormir, ce sont les gardiens de faction, qui sont placés dans la galerie d'Apollon, à la Colonnade, salle des Bijoux et salle Thiers. Ces deux derniers, sous aucun prétexte, ne doivent quitter leur poste. En résumé, il n'y a que six hommes en mouvement dans le musée: les quatre veilleurs et les deux hommes de ronde. Les autres se reposent.

Le musée est doté de huit avertisseurs électriques, dont six avec sonneries intérieures et deux communiquant avec l'extérieur. Les six avertisseurs intérieurs sont placés, au rez-de-chaussée, à la Chalcographie, au 1er étage, à la Colonnade, dans la salle des dessins, dans les petites salles françaises (salles de Lesueur et petite salle anglaise); au second, dans l'atelier des encadreurs et à côté du musée de marine. Les deux avertisseurs extérieurs sont installés, l'un dans la salle des Bijoux, et communiquent avec le directeur, le secrétaire, les deux chefs-gardiens, le fumiste et le surveillant du service des eaux, tous logés dans le Palais, et enfin, avec le poste des pompiers de la rue J.-J. Rousseau; l'autre dans le cabinet du secrétaire, en communication avec le poste des pompiers, les chefs-gardiens, le fumiste et le surveillant du service des eaux. Les six premiers avertisseurs sont en communication avec la salle des

Bijoux, poste central, où se tient le brigadier avec les hommes au repos.

Supposons, maintenant, que le feu se déclare à la Colonnade, ou dans les environs. Le veilleur le constate, met l'avertisseur en mouvement, et, aussitôt, retire des niches pratiquées par intervalles dans les parois des murs les lances à incendie et les garnitures qui s'y adaptent; pendant ce temps, le brigadier de service, averti qu'un accident survient à la Colonnade, sonne aux six postes à la fois: le veilleur de la Colonnade sait alors que son appel a été entendu et les cinq autres accourent à la salles des Bijoux après avoir chargé sur leurs épaules ces cylindres peints en vermillon, qui ressemblent si fort aux récipients que portaient autrefois les marchants de coco, et s'être munis de lances, de tuyaux, d'outils spéciaux pour forcer les portes en cas d'obstacle. Le brigadier les dirige alors vers la Colonnade, mais, avant de s'y transporter, il a eu soin de prévenir, au moyen de la sonnerie extérieure, le directeur, le secrétaire et les autres personnes déjà mentionnées. On attend l'arrivée des deux premiers pour donner l'alarme aux pompiers.

On a maintes fois expérimenté des alertes de ce genre, et toujours elles ont donné un résultat satisfaisant. Pour les simuler, le directeur et le secrétaire s'entendent secrètement avec les gardiens-chefs, et, en pleine nuit, mettent en mouvement un avertisseur de leur choix. Au bout de trois à sept minutes, suivant l'éloignement des postes, tous les hommes sont présents. On les voit arriver, un à un, au pas de course, leur falot à la main, dans des accoutrements très variés, selon qu'ils ont mis plus ou moins de hâte à accourir. En cas de catastrophe véritable, le musée aurait donc à sa disposition une poignée d'hommes bien armés pour la repousser; le surveillant du service des eaux organiserait rapidement la manœuvre, et, sur ces entrefaites, les pompiers de la rue J.-J. Rousseau arriveraient. Mais, hâtons-nous de le contater, les chances d'incendie sont très faibles. Il n'y a point d'ateliers où l'on emploie en abondance des matières combustibles, et l'on a soin de laisser tous les feux des calorifères s'assoupir et s'éteindre, en hiver, une heure avant la fermeture du musée, sauf dans la galerie d'Apollon, où les beaux objets exposés redoutent plus que d'autres l'humidité.

Pour assurer le fonctionnement régulier de ces services, il est indispensable que les gardiens soient soumis à une discipline sévère. Ils sont tous anciens soldats, quelques-uns sous-officiers, et ont fait, par cela même, avant leur entrée au musée, un apprentissage salutaire. Les punitions sont rares ; une réprimande des chefs suffit souvent aux délinquants, mais on exige d'eux une politesse parfaite envers le public, dans les salles, l'exactitude, la bonne tenue et l'accomplissement strict du service de nuit. Leur péché le plus général est l'abandon au sommeil, qui est sévèrement réprimé. Ils ont, il faut le reconnaître, une circonstance atténuante qui, si elle n'est pas prise en considération par l'administration, doit nous rendre, nous, public, un peu plus compatissant. Presque tous les gardiens cumulent, avec leur emploi au Louvre, celui de concierge à Paris. Leur repos s'en ressent ; et puis l'éternelle faction devant des papyrus ou des tombeaux assyriens n'est rien moins que récréative. Soyons leur donc indulgents s'ils s'endorment sur leurs banquettes, en rêvant d'Osiris ou de Bel. Les punitions qui leur sont infligées sont de natures différentes, suivant l'importance de la faute : les « tours de lettres » sont les plus légères. Après son service, le gardien puni doit porter en ville les lettres administratives. Un roulement régulier en assure la distribution, mais les gardiens punis sont inscrits d'abord. On inflige aussi, comme peine plus grave, la descente d'un échelon dans la classe à laquelle on appartient, quelquefois même le passage dans une classe inférieure, mais cette mesure est exceptionnelle et confine à la révocation, qui est la peine suprême. Cette révocation n'est demandée que dans le cas d'insubordination grave ou d'une turbulence de caractère qui serait absolument incurable.

En général, un gardien passe aux musées trente années consécutives. Si sa conduite a été bonne, il peut en sortir gradé, avec une pension suffisante pour assurer son existence (850 à 1200 fr.). Nous en avons connu qui ont trouvé des emplois d'intendants, de garde-chasses et qui vivent heureux, loin de Paris, avec leurs vieux souvenirs. Les gardiens ne doivent réclamer des visiteurs ou des artistes aucune rétribution pour les renseignements qu'ils sont appelés à donner ou les services qu'ils rendent. Deux d'entr'eux sont annuellement désignés pour assister les artistes, ranger leurs toiles, après la fermeture des salles, aligner les chevalets afin d'éviter l'encombrement des galeries. On les appelle les « chabraquiers. » Les pourboires qui leur sont donnés, ainsi que le produit de la location des tabourets de travail et chevalets, sont versés à la caisse des gardiens dont le modeste produit est réparti entre tous ; ceux du vestiaire, facultatifs, comme les dépôts, sont les plus rémunérateurs et s'y ajoutent également.

Le Louvre possède des ateliers, dont deux productifs : ce sont les ateliers de la Chalcographie et du moulage ; les autres n'intéressent que l'économie intérieure, tels les ateliers des marbriers, de la Marine, des encadreurs, des menuisiers, de la restauration des objets d'art. Ces quatre derniers n'occupent qu'un nombre d'employés très restreint et leurs noms seuls indiquent assez quels genres de travaux on y pratique. L'atelier de la Chalcographie est situé au rez-de-chaussée, auprès du grand guichet de la rue de Rivoli. Il entretient deux presses, qui suffisent à peine au tirage des estampes composant son fonds et qui sont mises en vente dans un magasin contigü, que connaissent tous les amateurs. Un très aimable homme, blanchi sous le harnois, est préposé à leur vente. Nul mieux que lui n'en connaît la collection et n'est apte à renseigner sûrement le public. L'atelier du moulage est situé entre la cour Visconti et la galerie des Antiques. On y accède par la cour Visconti, qui donne sur les quais. Cet atelier fournit de belles épreuves des principaux morceaux de sculpture du musée. Elles sont en vente et le public peut en connaître les prix, comme celui des estampes, en consultant les catalogues. Les produits de ces deux ateliers sont versés mensuellement au Trésor.

L'atelier de Marine s'occupe spécialement de l'entretien des anciens modèles exposés dans les galeries et de la confection des nouveaux. Il ne compte que cinq ouvriers, dont un chef. Deux d'entr'eux reçoivent leurs salaires du ministère de la Marine.

Le musée du Louvre est ouvert tous les jours sauf le lundi : en été, c'est-à-dire du 1er avril au 1er novembre, de 9 heures à 5 heures ; en hiver, c'est-à-dire du 1er novembre au 1er avril, de 10 heures à 4 heures. Toutefois, ne sont ouvertes, aux premières heures matinales, que les salles des peintures et de la sculpture antique. A 11 heures, toutes les galeries sans exception sont accessibles aux visiteurs. On a dû adopter cette mesure pour permettre aux gardiens de prendre leur déjeuner ; à 11 heures, ils sont tous présents et à leurs postes.

Le public du musée du Louvre, vous le connaissez. Il a sa physionomie un peu différente, toutefois, suivant les jours : le dimanche, quelques musées jouissent plus particulièrement des faveurs du public; ce sont les salles des peintures, la galerie d'Apollon, surtout depuis l'installation des diamants de la Couronne, et les salles du musée de Marine. Les autres galeries sont moins visitées. La vitrine des diamants, particulièrement, est très appréciée ; on sait que, tous les soirs, la cage qui renferme ces joyaux rentre dans le coffre qui lui sert de support. Beaucoup de gens croient encore que les diamants de la Couronne passent la nuit dans une cave et qu'un ascenseur en facilite le transport. Détruisons cette légende ; il y a déjà les greniers du Louvre, n'imaginons pas les caves. D'ailleurs, ces caves, ces souterrains, on peut les visiter le lundi, et l'Administration délivre volontiers des cartes à cet effet. Le jeudi est le jour des écoliers en vacance. C'est le musée de Marine qui jouit de leurs préférences. Les autres jours seraient calmes si, le mercredi et le samedi tout particulièrement, l'agence Cook ne jetait dans les galeries ses convois de touristes.

Ils entrent généralement par le pavillon Denon, sous la direction de leurs guides, se rassemblent dans le vestibule, et la course commence. En un clin d'œil, ils traversent la salle des Antiques. Un signe de la main, à la coupole de l'escalier Daru : tous les nez se lèvent, on regarde les mosaïques ; arrêt de quelques secondes devant la *Victoire de Samothrace;* puis, course folle à travers la salle des Sept-Cheminées, avec un tout petit temps pour regarder le *Radeau de la Méduse ;* nouvelle course à travers les salles égyptiennes, arrivée aux appartements, une demi-pause pour rassembler les retardataires. L'avalanche, alors bien compacte, se rue dans les petites salles de l'Est, gagne les salles assyriennes, les salles de la Renaissance, celles du Moyen-Age. Le groupe se reforme ; nouveau départ, tout le long des salles des vases grecs, coup d'œil d'ensemble sur la salle La Caze; un courant d'air les pousse dans la galerie d'Apollon, et enfin dans la grande galerie et dans les salles françaises. On se compte, les moins valides tirent le pied : allons, du courage ! Ascension aux salles de la Marine, à toutes les galeries de l'Ouest et du Nord et retour au point de départ.

Ah ! cela ne fait pas long feu, la visite : en une heure, une heure et demie, tout a été *exploré* ou à peu près. Les malheureux *Cook's tourists* en sont abasourdis, mais il leur faut tout leur calme : ils ont encore la Sainte-Chapelle, Notre-Dame et le Panthéon à voir avant déjeuner. Fouette, cocher! Et les voilà partis, au grand trot.

Les étrangers, autrefois, faisaient la fortune des copistes du Louvre. Aujourd'hui, « le métier est tombé ». La photographie les a ruinés. Et puis, on voyage trop vite, de nos jours, sans s'arrêter ni se fixer nulle part. Les copistes du Louvre forment une catégorie d'artistes bien curieuse. Le dessinateur Renouard nous les a fait déjà connaître; mais il n'a saisi que leurs attitudes ; disons deux mots de leurs habitudes. Quelques-uns de ces artistes viennent au Louvre tous les jours de travail, sans exception. Le dimanche et le lundi, qui leur sont interdits, sont pour eux deux jours mortels. Ils arrivent à leur heure, au musée, connaissent le concierge, tous les gardiens par leurs noms, s'installent à leur place accoutumée, abordent un confrère, causent un moment avec lui et se mettent au travail, ou ne s'y mettent pas. Quoi qu'il en soit, leur copie achevée ou prétendue telle, ils ne vivent plus qu'ils ne l'aient vendue. La chose est assez difficile. Le règlement prescrit que tout artiste qui a achevé une copie doit l'emporter sans délai et céder la place au suivant. Pour tourner cette difficulté, avant qu'un nouveau règlement (30 mars 1893) fût intervenu, ils laissaient un coin du fond inachevé en se réservant de le combler dès qu'un gardien de service les rappellerait aux exigences du règlement. « Pardon, monsieur, objectaient-ils, ma copie n'est pas terminée. » Cela durait quelquefois pendant plusieurs mois, jusqu'au jour où un amateur achetait pour 500 francs une copie qu'il avait dû marchander depuis 1200. Le nouveau règlement a prévu cette manœuvre et fixé un délai maximum de trois mois pour l'achèvement de toute copie; dans certains cas, ce délai peut être prolongé. Les guides sont souvent de connivence et reçoivent des commissions proportionnées à l'importance du marché. Au Louvre, comme ailleurs, les guides sont dangereux et inutiles. Nous en avons entendu un qui signalait Van Dyck comme l'inventeur de la peinture à l'huile !

Quelques-uns de ces habitués du Louvre se confinent volontiers dans une spécialité. Les commandes étant rares, ils courent l'aléa d'une acquisition et reproduisent de préférence les tableaux les plus célèbres du musée. L'*Assomption* de Murillo, la *Belle Jardinière*, la *Cruche cassée*, sont des tableaux que les copistes assaillent sans désemparer. Nous passons sous silence les jalousies que le succès d'un confrère fait naître dans l'esprit des autres. A les entendre, aucun, hormis soi-même, n'a de talent: c'est fade, manque de dessin, ne tient pas debout. Et mille autres perfidies.

En dehors de ces habitués, il y a les élèves qui copient des antiques et qui cachent aux vieilles dames leurs sacs ou leurs boîtes à couleurs ; ils transportent au Louvre les traditions d'atelier qui leur sont familières à l'École des Beaux-Arts. Vous y verrez aussi des jeunes filles qui reproduisent à l'aquarelle des fragments de Watteau, de Lancret, de Greuze, tous les peintres aimables du XVIIIe siècle ; quelquefois, aussi, des artistes qui ont besoin d'un document et viennent s'inspirer des maîtres. Ceux-là, on les reconnaît vite à la manière résolue d'aborder les œuvres, aux sacrifices de certains détails, à la rapidité avec laquelle ils conduisent leur travail. Ils aiment bien le Louvre, y trouvent les règlements bienveillants et n'ont jamais maille à partir avec personne. Il n'en est pas de même des premiers, qui obligent l'administration à se transformer en justice de paix, et qui, par leurs explications contradictoires, la mettent souvent dans l'embarras.

Les règlements qui régissent le Louvre sont applicables, à quelques modifications près, aux trois autres musées nationaux, le Luxembourg, le Musée de Versailles, celui de Saint-Germain. Sur ces modifications, qui sont d'une importance secondaire, nous ne croyons pas utile d'insister.

Il n'est pas de jour où la poste n'apporte au musée du Louvre une ou plusieurs lettres de proposition d'acquisition d'objets dont la teneur est presque invariable. « Monsieur le Directeur, je suis possesseur d'un admirable tableau de....., d'une valeur considérable, qui est depuis plus de deux cents ans dans ma famille. J'ai recours à votre haute compétence pour m'en déterminer le prix. » L'administration est si habituée à recevoir des notes de ce genre qu'elle met de côté toute susceptibilité et répond invariablement : « Le Musée n'est pas un bureau d'expertise. Si vous désirez céder votre tableau à l'État, apportez-le ou, tout au moins, envoyez-nous en une photographie, et faites-nous connaître le prix que vous en demandez. »

Il va sans dire que l'on ne propose au Louvre que des toiles de chefs d'école : un tableau un peu sombre sera de Rembrandt ; un

autre plus brillant, plus mouvementé, de Rubens; un troisième, monté de ton, de Titien ; d'autres enfin, plus calmes, plus reposés, de Léonard de Vinci ou de Raphaël. Il semble que ces maîtres n'aient jamais eu d'élèves ou d'imitateurs, et que les artistes de second ordre, quoique célèbres, soient demeurés inactifs. Si les attributions des amateurs n'étaient pas fantaisistes, il serait facile de compter à l'actif des grand maîtres un nombre de toiles, de dessins, d'esquisses, qui correspondrait à la somme de travail que vingt artistes réunis auraient eu peine à fournir pendant une génération. Nous assistions récemment à une consultation que donnait un conservateur du Louvre à deux personnes qui présentaient à l'acquisition une série de grandes machines encombrantes, munies de cartels alléchants, portant les plus grands noms de la peinture ancienne. Leur véhicule avait dû pénétrer dans la cour du Louvre, interdite d'ordinaire aux voitures, sauf urgence ; et il y avait urgence. Dans le couloir des conservateurs, nos deux collectionneurs attendaient leur tour de réception, le cœur serré, sans doute, protégés par leurs immenses toiles, qui les cachaient comme l'auraient pu faire des boucliers. Le gardien de service leur annonça que leur tour était arrivé. Deux solides commissionnaires avaient saisi chacun des Michel-Ange de dimensions gigantesques, tandis que leurs propriétaires, également très chargés, les suivaient à quelque distance. On eut toutes les peines du monde à faire passer une *Danse de Corybantes*, qui touchait au plafond et qu'on avait dû présenter de biais, pour qu'elle pût franchir une première porte. A l'entrée du cabinet du conservateur, nouvel obstacle ; l'un des commissionnaires était écrasé entre ses deux tableaux et l'on put craindre un moment qu'on eût à démonter les portes pour le dégager. Enfin, tableaux, commissionnaires, tout entra. Il ne fut pas besoin d'un long examen pour constater que ces tableaux étaient sans intérêt pour le Louvre. « Mais insistaient les amateurs, dites-nous si ces tableaux ont de la valeur et quelle elle est? » La courtoisie des conservateurs est alors à l'épreuve. Dire crûment que le Louvre n'est pas un cabinet d'expertise, est chose pénible : mais il faut s'y résigner, à l'aide d'euphémismes adroits, dont les plus avisés comprennent le sens. Tous les départements sont exposés à de semblables visites. Toutefois, il est de ces démarches qui sont bienvenues et qui permettent aux musées d'acquérir des œuvres importantes. Croyez bien que, lorsqu'on a présenté le petit

portrait de Pisanello, acquis l'an dernier par le musée, la conservation des peintures n'a pas invité le marchand à repasser. On présente quelquefois au Louvre des œuvres d'un mérite incontestable, mais que le musée n'acquiert point, souvent parce qu'on en exige des prix trop élevés, plus souvent aussi parce qu'elles feraient double emploi et ne viendraient que grossir une série déjà riche et largement représentée.

Il est difficile de préciser la nature des besoins du musée ; on peut assurer, cependant, qu'un beau Velasquez y serait mieux accueilli qu'un Rubens, dont les œuvres sont nombreuses dans nos galeries. Il y a, dans telle grande vente, des pièces admirables que le Louvre voit sans regrets lui échapper parce qu'elles ne lui manquent pas : il s'attachera, par contre, à acquérir celles qui combleraient des lacunes dans ses séries.

Dès qu'un objet paraît désirable au département auquel on le présente, le conservateur s'engage à le soumettre au comité consultatif qui se prononce par un vote. Chacun des conservateurs, à son tour, présente, s'il y a lieu, les objets qu'il désire acquérir, rend compte des pourparlers engagés, soumet son opinion au sujet d'objets d'art légués ou donnés, annonce une vente publique et demande, selon le cas, des crédits pour s'y présenter et affronter les enchères. Le comité se prononce à la majorité relative. La discussion, avons-nous besoin de le dire ? n'est jamais très vive. Le crédit des acquisitions est commun à tous les départements sans attribution spéciale à chacun d'eux, et, si une acquisition importante s'impose, tous les conservateurs la votent sans arrière-pensée. De chaque séance, le dernier nommé des conservateurs-adjoints dresse un procès-verbal, qui est transmis au ministre. Chacune des acquisitions, proposée à part, doit recevoir son assentiment pour être définitive. Il en est de même pour les dons. Les donations après décès sont également examinées par cette assemblée et soumises, en dernier ressort, au Conseil d'État.

Quant à la compétence de ce comité, elle offre toutes garanties. Les membres de la conservation du Louvre n'ont eu accès dans notre grand musée qu'après des épreuves laborieuses et qui leur font le plus grand honneur. Ils ont passé par l'école des Chartes, l'école des Hautes-Études, l'école Normale, l'école du Louvre, ou celles de Rome et d'Athènes, et lorsqu'on examine leurs dossiers universitaires, la liste est longue des titres qu'ils ont acquis. La rédaction des catalogues est l'un des travaux les plus difficiles qui leur incombent et qui exigent, de leur part, une érudition considérable.

Abordons, pour finir, la question des *greniers* du Louvre ; nous avons dit, dans quelles parties du Louvre se trouvaient ces greniers, ou plutôt les magasins qui servent à abriter les reliques du passé en attendant qu'il soit possible de les en faire sortir. On croit à tort que les magasins du musée contiennent des richesses incomparables. Nous avons sous les yeux un état, dressé au mois de juin dernier par la conservation des peintures (celle qu'on met toujours en cause lorsque cette question irritante se réveille) et que nous allons consulter pour chercher à établir les diverses catégories de tableaux que le Louvre est obligé de mettre en réserve sans les exposer :

Le nombre total de ces toiles est de 656, divisées en cinq catégories :

1° Les tableaux qui, quoique inscrits au catalogue sommaire des peintures, ont été retirés provisoirement. École française, 55 ; école italienne, 62 ; école espagnole, 1 ; école flamande, 6 ; école hollandaise, 2. Ces 126 tableaux ont été remplacés par d'autres, provenant de dons, de legs ou d'acquisitions, dont l'exposition immédiate s'imposait. Presque tous resteront au Louvre, où ils seront de nouveau exposés ; quelque-suns, cependant, pourront être envoyés à Compiègne ou à Fontainebleau, mais en minorité.

2° 160 tableaux, qui ne figurent pas au catalogue sommaire mais qu'il a paru intéressant de conserver pour le Louvre. Parmi ces 160 tableaux, 69 proviennent de dons ou de legs et ne doivent point quitter le Louvre, à qui ils ont été offerts sous cette condition. Ce ne sont point des chefs-d'œuvre, mais des peintures démodées, acceptées autrefois par égard pour les donateurs et qui composeront éternellement le fonds du magasin. L'art, hélas ! subit, comme toutes choses, les fluctuations de la mode : telles peintures, autrefois très recherchées, sont aujourd'hui délaissées et jugées indignes de figurer dans les collections exposées. Pourtant, le Louvre, mieux que le public, sait résister à ces entraînements fâcheux. Il considère que les œuvres du passé ont joué dans l'histoire de l'art un rôle plus ou moins important, qu'elles on pu déterminer un courant capable d'arrêter ou de précipiter une décadence et qu'il est bon de mettre sous tous les yeux ces œuvres de transition, parfois aussi intéressantes que celles qui correspondent à une époque d'épanouissement. En quel discrédit est tombée actuellement la peinture bolonaise ! Pouvons-nous nier, cependant, qu'elle ait occupé le XVIIe siècle tout entier en Italie et qu'elle ait marqué un temps d'arrêt dans la décadence ? Peut-on déterminer quelle sera l'école favorisée devant laquelle nos petits-enfants s'arrêteront, quand ils traverseront nos galeries du Louvre, agrandies et pleines d'œuvres nouvelles, non écloses encore ? De ce parti pris, le Louvre ne doit pas tenir compte : c'est un sanctuaire d'étude où toutes les manifestations de l'art doivent être représentées, quel qu'en soit le mérite ou l'espèce. Les 91 autres toiles sont des œuvres de peintres contemporains, que le Louvre exposera lorsque le délai de dix années après la mort de leurs auteurs sera écoulé, ou des œuvres anciennes, intéressantes au point de vue de l'histoire de l'art, telles que les plus beaux des « Mays de Notre-Dame », ces tableaux qu'offraient chaque année, au XVIIe siècle, la corporation des Orfèvres, à l'Église métropolitaine. Ces derniers tableaux ne peuvent être exposés faute de place ; ils ont des dimensions considérables, d'une moyenne de 4 mètres au moins, soit en hauteur soit en largeur. Représentez-vous l'étendue que devraient avoir les salles nouvelles pour abriter ces tableaux. Ce sont, en général, les plus intéressants de cette série, et il est très regrettable qu'on ne puisse les exposer. Toutefois, il ne faut pas en exagérer la valeur. Quelques-uns sont très faibles et ne méritent guère les honneurs d'une exposition au Louvre, la place ne ferait-elle pas défaut.

3° 69 tableaux signalés antérieurement à la direction des Beaux-Arts, d'un mérite secondaire et d'un état de conservation médiocre, dont 10 ont été déjà affectés à des musées de province ; les 59 autres recevront une affectation à bref délai.

4° 88 tableaux de même nature, qui seront également mis à la disposition de la direction des Beaux-Arts pour des musées de province, mais que le Louvre ne lui a pas encore signalés.

5° Les tableaux de cette catégorie sont les œuvres de rebut, dans un état si lamentable que le transport d'un point à un autre du Louvre les compromettrait pour toujours. On en a compté, en 1891, 57 dans l'école française, 5 dans l'école italienne, 1 dans les écoles du Nord, dont on a pu déterminer les sujets et tenter des attributions, facilitées par les inventaires; plus, 150 toiles, en majeure partie de petites dimensions, où le sujet est complètement méconnaissable.

Tels sont les greniers du Louvre, au moins ceux de la peinture, car, pour tout dire, il faut mentionner les catégories d'objets, cachés au public, que les conservateurs gardent dans leurs cabinets. Ce sont des œuvres douteuses ou « en observation », qui attendent la vitrine qu'on leur confectionne et qui prennent place dans nos galeries petit à petit. De ceux-là, personne ne se préoccupe. Vraiment, on devrait montrer la même sagesse pour la peinture. Ayons confiance en ceux qui consacrent leur vie à l'étude spéciale de l'art; ils savent mieux que personne quels sont les besoins de leurs collections, ils en connaissent les lacunes.

Il y a cent ans qu'un décret de la Convention a fondé notre grand musée national. Examinez les inventaires d'alors, comparez-les à ceux d'aujourd'hui, représentez-vous des séries d'objets d'art non classées, des attributions erronées ou fantaisistes, l'absence, par conséquent, de catalogues. Partout où régnait l'obscurité, resplendit maintenant la lumière, et, chaque jour, elle se fera plus éclatante.

CHARLES GALBRUN.

CHATEAUDUN

IMPRIMERIE DE LA SOCIÉTÉ TYPOGRAPHIQUE

www.ingramcontent.com/pod-product-compliance
Lightning Source LLC
Chambersburg PA
CBHW060615050426
42451CB00012B/2258